Vente du Mardi 13 Février 1883

ESTAMPES

PORTRAITS

ÉCOLE FRANÇAISE

DU XVIIIᵉ SIÈCLE

Pièces en noir et en couleur

VIGNETTES

Dont la vente aura lieu

HOTEL DES COMMISSAIRES-PRISEURS

RUE DROUOT, 9, SALLE Nᵒ 4

Le Mardi 13 Février 1883

A UNE HEURE ET DEMIE PRÉCISES

Mᵉ MAURICE DELESTRE	M. L. DUMONT
COMMISᵣᵉ-PRISEUR	MARCHAND D'ESTAMPES
rue Drouot, nᵒ 27	quai des Gr.-Augustins, 21

FARIS — 1883

V⁰ RENOU, MAULDE et COCK

IMPRIMEURS DE LA COMPAGNIE DES COMMISSAIRES-PRISEURS

Rue de Rivoli, 144.

CONDITIONS DE LA VENTE

Elle sera faite au comptant.

Les Acquéreurs paieront CINQ POUR CENT, en sus des enchères, applicables aux frais.

L'ordre du Catalogue sera suivi.

Portraits.................... Nᵒˢ   1 à 102
Vignettes ....   102 à 133
Estampes du xviiiᵉ siècle......   134 à 234

M. DUMONT, chargé de la Vente, remplira les Commissions qui lui seront adressées.

DÉSIGNATION

PORTRAITS

1 **Alix**. Fénelon, Montaigne, 2 pièces avant la lettre
en couleur. Belles ép.

2 — Diderot, Montesquieu, Linné, trois pièces en couleur, avant la lettre. Belles ép.

3 **Amicus**. L'Hommage sincère, pièce allégorique
avec le portrait de Necker en couleur. Belle ép.

4 **Anonymes**. Marie-Antoinette avec la scène des
adieux. Petit in-fol. Très belle ép., grandes marges.

5 — Catherine II, impératrice de toutes les Russies.
Très belle ép., marges.

6 — Voltaire, Rousseau, 2 pièces, médaillons surmon-
tant un bas-relief représentant leur tombeau. Petits
in-fol. Très belles ép., marges, rares.

7 **Audouin**. Louis XVI. Petit in-fol. Belle ép.

8 **Audran**. Robert Secousse. In-fol., d'après Rigaud.
Belle épr., marges.

9 **Baugniet**. Paul Delaroche. — Luigi, Calamatta.
— L. Gallait. 3 pièces in-fol. Belles ép.

10 **Beauvarlet**. Le Comte et la Comtesse d'Artois.
d'après Drouais. In-fol. Très belle ép., marges.

11 — Phil. Onup. Desmaretz. Petit in-fol., d'après Jouf-
froy. Très belle ép., marges.

12 — Les Enfants du roi de Sardaigne, d'après Drouais. In-fol. en travers. Belle ép.

13 — Edme Bouchardon, sculpteur. Très belle ép., marges.

14 **Brisson**. Marat, d'après Boze. Petit in-fol. Très belle ép. avant toutes lettres, grandes marges.

15 — Paisiello, d'après Mme Lebrun. Petit in-fol. Très belle ép., toutes marges.

16 **Bervic**. Gabriel Senac de Meilhan, d'après Duplessis. In-fol. Très belle épreuve, marges.

17 **Blanchart**. J.-N. Huyot, d'après Drolling. In-fol. Très belle ép.

18 **Boilly**. Le général Dubayet en pied. In-folio. Belle ép.

19 **Carmona**. Hyacinthe-Collin de Vermont, d'après Roslin. Petit in-fol. Très belle ép., marges.

20 — Mademoiselle de La Vallière en Madeleine, d'après Lebrun. In-fol. Très belle ép., grandes marges.

21 **Cathelin**. Joseph Vernet, d'après Vanloo. In-fol. Belle ép., marges.

22 — Baléchou, graveur. Petit in-fol. Très belle ép., marges.

23 **Chéreau**. Louis Pécour, compositeur des ballets de l'Académie royale de musique, d'après Tournière. In-fol. Très belle ép., marges.

24 **Chevillet**. Louis-Philippe d'Orléans, duc de Chartres. Petit in-fol. Très belle ép., marges.

25 **Coutellier**. Mademoiselle Olivier, de la Comédie-Française, rôle de Chérubin du Mariage de Figaro, en couleur. Très belle ép., marges.

26 — Mademoiselle Maillard, de l'Académie royale de
musique, en couleur. Très belle ép., toutes marges.

27 **Daullé**. Mademoiselle Pélissier, d'après Drouais.
In-fol. Très belle ép.

28 **Debucourt**. Louis XVIII, d'après Bréa. Très belle
ép., marges.

29 **Demarteau**. Madame Huet lisant une lettre, aux
trois crayons. Petit in-fol. Belle ép.

30 — Carle Vanloo. In-fol Belle ép.

31 **Desrochers**, Mademoiselle Duclos, comédienne.
Belle ép.

32 **Drevet**. Maria Serre, d'après H. Rigaud. In-fol.
Belle ép.

33 — Christian de Guldenleu, d'après Rigaud. In-fol.
Très belle ép.

34 **Duchange**. Fr. Girardon, d'après Rigaud. Petit
in-fol. Belle ép.

35 **Edelinck**. Charles d'Hozier, d'après Rigaud. In-fol.
Belle ép.

36 — Mademoiselle de La Vallière, d'après Lebrun. In-
fol. Très belle ép.

37 **Fiésinger**. Bernadotte. — Desaix. 2 pièces, d'après
Guérin. Belles ép.

38 **Forster**. Louis Ier, roi de Bavière. In-fol. Très belle
ép. sur chine.

39 **Frey**. Le pape Benoît XIII. Portrait équestre in-fol.
Très belle ép.

40 **Frosne**. Lemaître, président. Petit in-fol. Belle ép.

41 **Gaillard**. J.-B. *Bertin*, d'après Roslin. In-fol. Superbe ép., toutes marges.

42 — Joly de Fleury, d'après Didier. In-fol. Superbe
ép., toutes marges.

43 **Gautrot** (à Paris chez). Godefroy Hermant, docteur
en Sorbonne. Très belle ép., marges.

44 **Geile.** Marie-Antoinette, d'après Madame Vigée-
Lebrun. Très belle ép., marges.

45 **Girard.** Portrait de femme, d'après Paul Delaroche.
Très belle ép. avant la lettre.

46 — Le docteur Récamier, d'après Guérin. Petit in-
fol. Belle ép.

47 **Green** (V.). Portrait de femme en buste, d'après
Calze. — Petit in-fol. Très belle ép.

48 **Grozer.** Abraham Newland. In-fol. d'après Romney.
Belle ép.

49 **Haid.** Baron de Seckendorf, d'après Schneider. In-
fol. Belle ép.. marges.

50 **Hibbart** (W.). Watteau. Belle ép,, marges.

51 **Hortemels.** Gaston de Rohan de Soubise. Petit
in-fol., d'après Rigaud. Belle ép.

52 **Jazet.** Louis David, peintre. Grand in-fol. en pied,
d'après Odevaer. Très belles ép. avant la lettre,
marges.

53 **Joullain** Fr. Desportes, d'après lui même. In-fol.
Très belle ép., marges.

54 **Langlois** Le joueur de musette (portrait de N.
Langlois, graveur). Petit in-fol. Belle ép., marges.

55 **Larmessin** (de). Claude Hallé, d'après Legros.
Belle ép., marges.

56 **Laugier.** Jacques Delille, d'après Danloux. in-fol.
Belle ép.

57 **Lebeau.** Mlle Dutey. Trés belle ép., grandes mar
es.

58 — Mme Dugazon. Très belle ép., marges.

59 **Lefèvre** (A.). Le Général Foy, d'après Horace Vernet. Petit in-fol. Belle ép.

60 **Le Mire**. Le Général Washington, d'après Lepaon.
En pied. In-fol Belle ép.

61 **Lepicié**. Catherine de Seine, d'après Aved. in-fol.
Belle ép.

62 — **Louys** (L.). Philippe IV, roi d'Espagne. — Éliza-
beth, son épouse. 2 pièces in-fol., d'après Rubens.
Très belles ép.

63 **Lovery**. Étienne - François duc de Choiseul, en
pied. d'après Van Loo. Belle ép., marges.

64 **Malœuvre**. Jean Cousturier, d'après Duplessis.
Très belle ép., marges.

65 **Manigault**. Sa Majesté la reine de Hollande, d'après
Diez. In-fol. Superbe ép. avant la lettre.

66 **Marcenay** (de). Charles Duc de Brunswick et Lu-
nebourg. Petit in-fol. Très belle ép., marges.

67 **Masson**. Jérome Franck. Belle ép.

68 **Metzmacher**. François II, roi de Naples. Petit
in-fol. Belle ép.

69 **Michel**. David Teniers. — Catherine Breughel, sa
femme, 2 pièces petit in-fol. d'après Teniers. Belles
ép. toutes marges.

70 **Moitte**. Charles - Jean - François Hénault, d'après
Saint-Aubin. Petit in-fol. Belle ép.

71 **Muller**. Isabelle-Claire-Eugénie infante d'Espagne.
— Archiduc Albert, gouverneur des Pays-Bas. 2
pièces in fol. Très belles ép., marges.

72 **Nanteuil**. Michel le Tellier. Très belle ép.

73 **Pedretti**. Le duc de Bourbon, d'après Milesi. Petit
in-fol. Très belle ép. avant la lettre.

74 **Perrot**. Jean Bart, d'après H. Rigaud. in-fol. Très belle ép., marges.

75 **Picart** (B.). Le duc d'Orléans, régent, médaillon soutenu par Minerve et Apollon, d'après Coypel. Très belle ép., marges.

76 **Pitau**. Th. Bignon, d'après Philippe de Champagne. Petit in-fol. Belle ép.

77 **Poilly**. Louis XIV enfant, d'après Nocret. Petit in-fol. Très belle ép.

78 **Pontius** (P). Jacob Roclans, comte de Tassis. In-fol. Très belle ép.

79 **Prévost**. Louis XV, portrait équestre sur un piédestal. In-fol. Très belle ép.

80 **Probst** (B.) Balthazar de Schnurbein. In-fol. Très belle ép., marges.

81 **Romanet**. Grimoux, peintre, d'après lui-même. Petit in-fol. Très belle ép., marges.

82 **Saint-Aubin** (Aug. de). Necker, d'après Duplessis. Petit in-fol. Très belle ép., marges.

83 **Schiavonetti**. Henrik Hooft Danielsz, bourgmestre d'Amsterdam, d'après Lelie. In-fol. Belle ép.

84 **Schmidt**. J.-B. Rousseau, d'après Aved. Très belle ép., marges.

85 — J.-B. Silva, régent de la faculté de médecine de Paris, d'après Rigaud. In-fol. Belle ép., marges.

86 **Smith**. Miss Carter, d'après Kneller, Petit in-fol. Très belle ép.

87 — La Comtesse de Salisbury, d'après Kneller. Petit in-fol. Très belle ép.

88 **Surugue**. Et.-François Geoffroy, médecin, d'après de Largillière. Petit in-fol. Belle épreuve.

89 — Mme de Mouchy, en habit de bal, d'après Ch. Coypel. Petit in-fol. Très belle ép.

90 — Simon Guillain, sculpteur, d'après Coypel. Petit in-fol. Belle ép.

91 **Tardieu**. Robert le Lorrain, sculpteur, d'après Nonotte. Petit in-fol. Très belle ép.

92 **Tassaert**. Les demoiselles de Chantal, abbesses de Port-Royal, d'après Philippe de Champagne. Très belle ép., marges.

93 **Thomassin**. Dandré Bardon, peintre, d'après Van Loo. Petit in-fol. Belle ép., marges.

94 **Trouvain**. Jean Jouvenet, d'après lui-même. Petit in-fol. Très belle ép., marges.

95 **Vermeulen**. H. Meyercron, d'après H. Rigaud. In-fol. Belle ép.

96 **Vibert**. Masaccio, peintre, d'après lui-même. Belle épreuve.

97 **Ward**. Sir Théophilus Metcalfe, Baronnet, d'après Hoppner. In-fol. Superbe ép., marges.

98 **Wierix**. Marguerite, femme de Philippe III, roi d'Espagne. Très belle ép., petites marges.

99 **Wille**. Henri Benoit, deuxième fils de Jacques Stuart. Belle ép.

100 **Portraits**. Acteurs, Actrices. — Vingt pièces.

101 — Peintres, Sculpteurs, etc. 18 pièces.

102 — Magistrats, Hommes d'État. 28 pièces.

VIGNETTES

103 Chasselat. La Pucelle de Voltaire. Suite complète de 21 pièces, plus 4 portraits. Belles ép.

104 — Vignettes et Portrait pour Molière, 12 pièces. Belles ép.

105 Cochin. Vignettes pour l'Histoire de France. 6 pièces avant les numéros. Belles ép.

106 Duplessis-Bertaux. Événements de la Révolution, très jolie suite de Vignettes, gravées à l'aquatinte par Sergent. 24 pièces. Belles ép.

107 Eisen. La Déclamation théâtrale, 4 pièces. Belles ép.

108 — Titre pour les Lettres en vers, par de Longueil et divers. 4 pièces. Belles ép.

109 Gravelot, Allégories. 7 pièces avec cadres ornementés. Belles ép.

110 — Entêtes de pages pour la Jérusalem délivrée. 19 pièces tirées avant le texte au verso.

111 — Contes de Voltaire. 5 pièces in-4°. Belles ép., marges.

112 Gravelot Cochin. Iconologie. 6 pièces. Belles ép.

113 Lebarbier. Daphnis et Chloé, par Gessner. 10 pièces in-4°. Très belles ép., toutes marges.

114 — Pour les OEuvres de Gessner. 5 pièces. Belles ép., toutes marges.

115 Lefèvre. Gulliver. 8 pièces. Belles ép.

116 Marillier. Régulus ou la Feinte par Amour, pièce originale. Belle ép., marges.

117 Gil-Blas. — Mille et une Nuits, etc. 20 pièces. Belles ép.

118 — Pour Jean-Jacques Rousseau. 16 pièces, dont
3 avant la lettre Belles ép.

119 — Guzman d'Alfarache, Roland, etc. 50 pièces.
Belles ép.

120 **Martinet**. Fanchette, Perrette, etc. 8 pièces.
Belles ép.

121 **Monnet**. Lucrèce, suite complète de 7 pièces sur
vélin avant la lettre. Très belles ép.

122 — Parny. 5 pièces. Belles ép.

123 — Sujets divers. 12 pièces avant la lettre et à l'eau-
forte. Belles ép.

124 **Monnet-Marillier**. Contes de Voltaire. 10 pièces.
Belles ép.

125 **Monsiau**. Le Premier baiser de l'Amour. — Le
Rocher de la Meillerie. 2 pièces in-4°. Très belles ép.

126 **Moreau le Jeune**. Suite de 10 pièces pour
J.-J. Rousseau. Très belles ép. avant la lettre, tirées
deux à la feuille.

127 — OEuvres de Voltaire. Collection complète com-
prenant 160 pièces, Vignettes et Portraits. Très
belles ép., toutes marges.

128 — Le Jugement de Pâris, 3 Vignettes. Très belles ép.
avant la lettre.

129 — Les Évangiles. 38 pièces reliées en un volume
cartonné. Belles ép.

130 **Oudry**. Fables de La Fontaine. 11 pièces.

131 **Prudhon**. Le Premier baiser de l'Amour, par
Copia. Belle épreuve.

132 — Abrocome et Anzia. Très belle ép., marges.

133 **Winkless**. Illustrations pour divers ouvrages.
24 pièces avant toutes lettres, grandes marges.

ÉCOLE FRANÇAISE

DU XVIIIe SIÈCLE

134 **Anonymes**. Scène de duel, pièce curieuse en couleur. Belle ép. sans marges.

135 — Les Bossus Mélomanes en couleur. Belle ép., marges.

136 — La bonne Maman. — La Tripière. — Le Peintre. 3 pièces. Belles ép..

137 **Baudouin**. Le Couchér de la Mariée, gravé par Moreau le Jeune. Belle ép., marges.

138 — Le Curieux, par Malœuvre, avant le mot « déposé » et l'adresse de Leloutre. Très belle ép., grandes marges.

139 — Le Matin. — Le Midi. — Le Soir. — La Nuit. 4 pièces, par de Ghendt. Belles ép., marges.

140 — Annette et Lubin, par Ponce. Belle ép., marges

141 **Beauvarlet**. Toilette pour le Bal. — Retour du Bal. 2 pièces par de Troy. Belles ép., sans marges.

142 **Bertin-Bonnart**. Vénus et l'Amour. — L'Éloquence 2 pièces. Belles ép.

143 **Bligny** (à Paris chez). L'Agréable Entretien. Très belle ép., marges, rare.

144 **Boilly**. Prélude de Nina, par Chaponnier. Très belle ép., marges.

145 — La Douce Résistance, par Tresca. Très belle ép. avant la lettre, petites marges.

146 **Bonnet**. Jeune Femme prenant son café, d'après Huet, en couleur. Très belle ép.

147 — Jeunes Femmes en buste, d'après Le Clerc.
3 pièces. Belles ép., marges.

148 — Tête de femme, 2 pièces. — Bacchante, etc.
4 pièces. Belles ép., marges.

149 **Boucher**. Cris de Paris. Nᵒˢ 8, 9, 10, 11 et 12.
5 pièces. Belles ép., marges, très rares.

150 **Bounieu.** La Bouteille cassée. Très belle ép. avant
la lettre, le titre tracé à la pointe, marges.

151 **Chaillou** (à Paris chez). La Fille engageante, en
couleur. Belle ép., marges.

152 **Chardin**. Sans souci, Sans chagrin, par Lépicié.
Très belle ép., grandes marges.

153 — Simple dans mes Désirs, par C.-N. Cochin. Très
belle ép., petites marges.

154 — La Serinette, par L. Cars. Très belle ép., petites
marges.

155 **Chenu**. Les Baigneuses, d'après Van der Verf. —
Vue de la ville de Clèves. 2 pièces. Belles ép.,
marges.

156 **Choffard**. Place Royale de Louis XV, à Reims.
Belle ép., marges.

157 **Cochin**. La petite Charrière en couches. Belle ép.

158 **Corbutt**. Une Juive, d'après Rembrandt. Très
belle ép., marges.

159 **Courtin**. Artémise. — Porcie. — Iris accorde sa
voix. 3 pièces Belles ép., marges.

160 **Coypel**. Diane et ses Nymphes, par Duchange. Belle
ép., marges.

161 — Hercule et Omphale. Très belle ép. avant la
lettre, marges.

162 **Debucourt.** Le Jour de l'An. Très belle ép., toutes marges.

163 — Le Couronnement, en couleur. Très belle ép., marges.

164 — Les Amateurs de plafonds au salon, en couleur. Belle ép.

165 **Simon Duflos** (à Paris chez). Le Grand Vent. Très belle ép., toutes marges.

166 **Duplessis-Bertaux.** Entrée de Louis XVIII dans Paris, eau-forte pure. — Vue d'une Ville, avant la lettre. Deux pièces. Belles ép.

167 **Duplessis-Bertaux-Choffard.** Scène de Bataille, grand in-fol. en travers. Très belle ép. avant la lettre.

168 **Eisen, Ch.** Les Vivandiers, par Tardieu. Belle ép., rare.

169 **James Fittler.** Le Roi Georges et la Famille Royale en promenade sur la terrasse du château de Windsor, d'après Robertson. Très belle ép., grandes marges.

170 **Flipart.** Le Refus inutile. — L'Espagnol. 2 pièces. Belles ép.

171 — Allégorie du mariage du Dauphin avec la Princesse Marie-Josèphe de Saxe. Belle ép.

172 **Fokke.** Représentation de la Cérémonie du mariage du Prince de Nassau. Très belle ép., petites marges.

173 **Fragonard.** Bacchanales. 2 pièces. Belles ép.

174 **Fragonard** (d'après). Le Contrat, par Blot. Belle ép.

175 — Sacrifice de la Rose, par Girard. Belle ép., marges.

176 — L'heureuse Fécondité, par de Launay, sur vélin.
Belle ép., marges.

177 — Télémaque et Eucharis, et divers. 4 pièces.
Belles ép.

178 **Freudeberg**. Le Négociant ambulant, par Ingouf.

179 — Le galant Chirurgien, par Trière. Très belle ép.,
rare.

180 **Mlle Gérard**. L'Espoir du retour, par Gérard.
Belle ép., marges.

181 — Dors mon enfant, par H. Girard. Très belle ép.,
marges.

182 **Giani**. Réunion d'artistes dans une salle d'études.
Très jolie composition, gravée par Tomba. Très
belle ép. avant la lettre.

183 **Green**. Le Christ en croix, d'après Van der Werff.
Belle ép·

184 **Guttemberg**. The tea Tax. Orage causé par l'Impôt
sur le thé en Amérique. Très belle ép., toutes
marges.

185 **Hollar**. Proclamation de la paix sur la place de
l'Hôtel-de-Ville d'Anvers. Très belle ép., grandes
marges.

186 **Incroyables** (Pièces sur les). La réponse incroya-
ble, en couleur. Très belle ép., marges.

187 **Janinet**. Portraits d'acteurs, d'actrices, costumes
de théâtre, en couleur. 18 pièces. Très belles ép.,
toutes marges.

188 — Costumes de théâtre. 20 pièces en couleur. Très
belles ép., toutes marges.

189 — Projet d'un palais de législature, d'après Gilbert,
en couleur. Belle ép., marges.

190 — Vue de la Fontaine des Innocents, en couleur.
Belle ép. avant la lettre.

191 — Ruines d'Athènes en couleur, plus 3 pièces de
forme ronde. Ensemble 4 pièces. Belles ép., toutes
marges.

192 — Vue de la salle de théâtre de Nismes. — Vue
d'une école de chirurgie. 2 pièces. Belles ép.

193 **Kobell**. Scène de bataille, en couleur. Très belle
ép., grandes marges.

194 **Launay** (de). Scènes d'intérieur, d'après Téniers.
2 pièces à l'eau-forte pure. Belles ép., marges.

195 — Paysages. — Animaux. — Scènes champêtres.
5 pièces à l'eau-forte pure. Belles ép., grandes
marges.

196 **Lavreince**. L'Heureux moment, par de Launay.
Très belle ép.

197 — La Marchande à la toilette, par Vidal. Très belle
ép., marges.

198 — La même estampe. Belle ép., sans marges.

199 — La Soubrette confidente, par Vidal. Très belle
ép., marges.

200 — La même estampe. Belle ép.

201 **Lempereur**. Le Festin espagnol, d'après Pala-
mèdes. Superbe ép., petites marges.

202 **Lespinasse** (de). Vue de Passy, ép. avant la lettre.
— Vue de la ville de Rocquemaure, par Coiny. —
Bas-reliefs. 3 pièces, belles ép.

203 **Levachez**. Le beau Dunois. 2 pièces en couleur,
belles épreuves, sans marges.

204 **Malœuvre**. Le Satyre et le Villageois, d'après Die-
tricy. Très belle ép., toutes marges.

205 **Marcenay** (de). L'Amour flxé. Belle ép., marges.

206 **Marot-Blondel**. Vues des façades du Louvre du Luxembourg. 5 pièces, belles ép.

207 **Martini**. Lauda Conatum. Exposition au salon du Louvre en 1787. Très belle ép., marges.

208 **Milet** (Francisque). Vue d'Egypte. Belle ép., grandes marges.

209 **Monnet**. Le Repos de l'amour. — Méditation, etc. 3 pièces, belles ép.

210 **Morland**. Morning of the benevolent sportman. — Evening of the sportman's return. 2 pièces en couleur, très belles ép., marges.

211 **Mouchet**. La Méprise, par Macret. Belle ép., marges.

212 **Ozanne**. Premier Cahier, gravé pour la Compagnie des gardes de la marine de Brest. Suite de 12 pièces avec le titre, toutes marges.

213 **Pesne**. La Charité.— Le Joueur de musette. 2 pièces, d'après Le Poussin, belles ép.

214 **Picart** (B.). Cérémonie dans l'église Saint-Jean de Latran. En 2 feuilles, belle ép.

215 **Pierre**. Les Villageois de l'Apennin, par J. Ouvrier. — Scène champêtre. 2 pièces, belles ép.

216 **Pollard**. La Famille déshéritée. En couleur, belle ép., marges.

217 **Prestel**. Animaux au pâturage, grand in-fol., en travers. Très belle ép. avant toutes lettres, marges.

218 — Mercure endormant Argus. In-fol., en travers, d'après Salvator Rosa. Très belle ép., lettres grises, marges.

219 **Prudhon**. Couronnement de Racine. — La Vengeance de Cérès, par Copia. 2 pièces, belles ép.

220 **Ramberg**. Scène d'orgie, militaires en goguette. En couleur, très belle ép. avant la lettre, marges.

221 — Le Marché d'esclaves. In-fol., en largeur, très belle ép., avant les changements, marges.

222 **Regnault**. Le Matin. Très belle ép. avant la lettre, marges.

223 **Roulandson**. Composition de quatre personnages, en couleur. Belle ép.

224 **Ruotte**. Le Bœuf à la mode, d'après Sauvage, en couleur. Très belle ép.

225 **Schall**. Le Modèle disposé, par Chaponnier, en couleur. Très belle ép., toutes marges.

226 **Schenker**. La Naïveté, en couleur. Belle ép., marges.

227 — La Liseuse, en couleur. Belle ép., marges.

228 **Silvestre** (Israël). Vues de Fontainebleau. 4 pièces. — Château de Madrid. Ens. 5 pièces, très belles ép., grandes marges.

229 **Smith**. Attention. — Le Portrait. 2 pièces, belles ép., marges.

230 **Sullivan**. Vue de Cliefden. In-fol., en travers, belle ép.

231 **Tabatières** (Pièces dites). L'Hiver, par Duflos, d'après La Rosalba, Arlequin Pierrot, etc. d'après Watteau. — Iris c'est par les yeux, etc. 5 pièces, belles ép.

232 **Vallée** (à Paris chez). Demande inutile, en couleur. Belle ép., marges.

233 **Vanloo**. Le Triomphe de Silène. Ep. *d'eau-forte pure*, grandes marges.

234 **Ward**. The peasants sundays dinner. — The country butchers shop. 2 pièces, en couleur, très belles ép , marges.

Vᵉ Renou, Maulde et G ck, imprs de la Compagnie des Commissaires-Priseurs, rue de Rivoli, 144.   35253